Léon Ohlsen

Zukunft als Folge der Vergangenheit

Impressum

Bibliografische Information der Deutschen Nationalbibliothek:
Die Deutsche Nationalbibliothek verzeichnet diese Publikation in der Deutschen Nationalbibliografie; detaillierte bibliografische Daten sind im Internet über http://dnb.dnb.de abrufbar.

Lektorat: D. Öhlschläger
Korrektorat: Detlef Öhlschläger

Herstellung und Verlag: BoD – Books on Demand, Norderstedt
ISBN: 978-3-734782213

Personen und Figuren

Der SPRECHER

FIGUR ***A***
FIGUR ***B***

Der WÜNSCH
Die HOFFNUNG
Die ERWARTUNG
Der ANSPRUCH

INTRO-MOMOLOG *(des durch das Stück führenden*
SPRECHERS)

Verehrtes Publikum – ich bin –
ich bin hier –
ich bin jetzt hier –
ich bin jetzt im ***Hier und Jetzt***
Das war nicht immer so, denn eben gerade war ich noch ein
Teil der in der Vergangenheit liegenden Zukunft,
obwohl ich just zu dieser Zeit auch wiederum ein Teil des
Hier und Jetzt war – genau wie jetzt!
Hier!

Lassenn Sie sich nicht verwirren, liebe Zuschauer,
denn man könnte dieser Kette endlos ewig lange Zeit
immer wieder neue Glieder hinzufügen und jedes Glied
wäre ein Sowohl als Auch,
wenn Sie verstehen, was ich meine… Teil der Vergangenheit
in einem in die Zukunft führenden *Hier und Jetzt*
und so weiter und eben immer so weiter…

Aber so kommen wir eben nicht weiter
und deswegen, verehrte Herrschaften,
wollen wir Sie mitnehmen auf eine Reise,
auf eine Reise, die an sich nichts Ungewöhnliches
aufzubieten hat, denn es haben sich weiß Gott
schon so viele Menschen
unterschiedlichster Kulturen,
unterschiedlichsten Glaubens
und auch unterschiedlichsten Alters
damit beschäftigt.
Immer und immer wieder, seit Ewigkeiten –
große Dichter und Philosophen gleichermaßen,
große Denker aller möglichen Epochen…
Sie alle beschäftigte immer wieder die Frage:
Wie sieht die Zukunft aus? (*Pause*)

Was wird geschehen, wenn…
Was könnte beispielsweise geschehen,
wenn die Menschheit so weitermacht wie bisher –
wohin wird oder könnte das alles führen?

Ich denke, Sie alle hier im Saal werden mir recht geben,
wenn ich behaupte: Niemand weiß es!
Niemand weiß es definitiv genau -.
was ein Jeder auch denkt oder glaubt, es bleibt – zumindest
die Zukunft betreffend – alles reine Spekulation! (*Pause*)

Sicherlich lassen sich aus dem jetzigen Geschehen
ein paar Hochrechnugen anstellen, scheinbar sich logisch
entwickelnde Prognosen für eine nahe oder sogar auch
ferne Zukunft…

Na, fallen Ihnen da ein paar Srichworte ein?
(*Pause – die Reaktion des Publikums abwartend…*)

[*Klimawandel und damit verbundene Naturkatastrophen,
Krieg in Europa, Gefahr eines Atomkriegs, Nuklkear-
katatsrophern, Pandemien, Rezessionen, Altersarmut,
Energiekrisen und Energiewandel, Wasserknappheit etc…*]

Es könnte aber genausogut etwas ganz anderes, etwas Unvorhersehbares, etwas von allen nicht Bedachtes eintreffen, vielleicht etwas, was das Leben und insbersondere das Zusammenleben von uns bald acht Milliarden Menschen auf diesem Erdball völlig revolutioniert, das der heutigen sogenannten Moderne eine nie vorhergesehene Wende gibt, na ja, wer weiß es schon?
Und überhaupt – was kümmert mich eigentlich die ferne Zukunft in Anbetracht meines befristeten Daseins auf diesem Planeten?

Meine Kinder? Sind schon erwachsen!
Meine Enkelkinder? Werden bald noch erwachsen!
Meine Urenkel? Meine Ururenkel…

Wir, wobei es noch näher zu kären gilt, wer ***wir*** sind…, also wir legen jetzt die Grundsteine für eine von uns Enkel und Urenkel… zu bewohnende Welt. Auch sie werden dann feststellen müssen: Wir haben die Welt nicht zu dem gegemacht, was sie jetzt ist – wir haben sie nur so übernommen!

Sollte das tatsächlich der Fall sein, so bedeutet es: Die Schuld – oder nennen wir es besser: die Ursache für das, was heute geschieht, liegt immer in der Vergangenheit!?

Doch zurück zu unserer Reise, auf die wir Sie ja mitnehmen möchten: Eine Antizipation unserer Hoffnungen und Wünsche, unserer Erwartungen und Ansprüche an die Zukunft…

Packen Sie ihre geistigen Koffer – wir starten – jetzt!

[*Bühnenlicht aus* – SPRECHER *ab von der Bühne*]

SZENE 1

(**Figur** ***A*** *betritt die im Halbdunkel liegende BÜHNE von der rechten Seite...*)

Figur A: Gott – Gott ist tot!

Figur B (*Aus dem* OFF): Ach ja? Wie ist er denn gestorben?

Figur A: Nun, um diese Frage zu beantworten, muss erst geklärt werden: Was ist Gott?
Wer oder was ist – oder vielleicht auch besser gefragt: war Gott? Wie soll man ihn sich vorstellen? Ist ***er*** oder ***es*** ein Wesen, ein lebendiges organisches Wesen oder nur schaffende Materie?
Oder eben nur… Geist?

Figur B (*immer noch aus dem* OFF): Gott ist und war schon immer da und wird auch ewig weiterhin da sein und…

Figur A: Ach ja… und wo kam er her? Ganz sicher, das es da nie so etwas wie einen Anfang gab?

Figur B (*jetzt von links ebenfalls die* BÜHNE *betretend*): Nein, es gab keinen Anfang und es wird demzufolge auch kein Ende geben! Gott war schon immer da und irgendwann…

Figur A: …und irgendwann schuf er die Materie?

Figur B: Richtig! Er schuf die Materie beziehungsweise die alles auslösende Energie! Und damit nahm alles seinen Lauf! Aber er ist da! Es gibt ihn immer noch, denn wie sonst ist dann alles entstanden und wer wacht über die Ereignisse der ablaufenden Dinge?

Figur A: Ich bleibe dabei: Gott ist tot! Er starb, als das Universum geboren wurde! Nur aus dem Tod entsteht neues Leben! Es ist eben umgekehrt und nicht so wie wir alle hier auf Erden annehmen: wir leben um zu sterben – nein: wir leben, weil wir aus dem Tod geboren sind!

Figur B:Aber bedeutet der Tod nicht das Ende allen Lebens?

Figur A: Ja und nein. Der Tod ist zweifelsohne das Ende unseres irdischen Lebens, doch schließt sich letztendlich nur der Kreis, denn Alles kehrt einmal dorthin zurück, wo es entstanden ist – das Leben ist aus dem Tod heraus geboren und kehrt deshalb auch dorthin wieder zurück!

Figur B: Schön und gut, dennoch gäbe es ohne die Existenz Gottes kein Leben! Er schuf das Leben, das eben mit dem Tod endet. Sie können das jetzt nicht einfach ins Umgekehrte versetzen, geradeso als drehe sich die Erde plötzlich links statt rechts um ihre eigen Achse.

Figur A: Und ich sage: Er ist gestorben und aus seinem Tod entstand neues Leben beziehungsweise überhaupt erst das Leben!

Figur B: Na schön, ich lasse mich mal zum Schein auf ihre äußerst gewagte Behauptung ein – dann soll das also ihrer Meinung nach bedeuten, er starb bei dem Urknall des Universums?

Figur A: Ja, genauso ist es geschehen! Die gewaltige Explosion der auf das Äußerste komprimierten Masse einer nicht mehr vorstellbaren Dichte von Materie und Energie bedeutete den Tod des uns ewig ein

Geheimnis bleibenden Geistes… und schuf das Leben – alles Leben, das von Geburt an dem unabdingbaren Tod - eben Gottes Tod - entgegenstrebt!

Figur B: Tja, der Urknall – eine wissenschaftlich betrachtet nicht uininteressante Theorie, nur schwer widerlegbar, es sei denn, man misst vielen anderen ebenfalls nicht uninteressanten Theorien genauso viel Bedeutung bei wie der des Urknalls. Nur, das die in letzter Zeit entwickelten Theorien bei weitem nicht die gleiche Popularität aufweisen können und deswegen Jedem, der die Entstehung allen Seins mit der Nicht-Existenz Gottes erklären will, als erstes in den Sin kommt.

Figur A: Existenz oder eben Nicht-Existenz Gottes ist letztlich unerheblich, denn wie sie auch seine Existenz oder eben das Gegenteil beweisen wollen, bewegen sie sich doch nur im Bereich unbewiesener Spekulationen, ganz gleich, ob sie sich irgendeiner monotheistischen Religion anschließen oder eben wissenschaftlichen Theorien den Vorrang geben: Es ist ein ständiger Kampf zwischen Glaube und Wissen beziehungsweise setzt der Glaube immer genau an der Stelle ein, da sich dem menschlichen Geist eben die Antwort auf die eine Frage nicht mehr erschließt. Und somit ist und bleibt es uns nicht nur ein sondern **das** große Geheimnis!

Figur B: Also bleibt nur der Glaube! Egal, welcher. (*Kurze Pause*) Selbst Atheisten glauben an etwas – sie glauben an die Nicht-Existenz Gottes. Begründen dafür alles mit dem Urknall als Beginn allen Seins – den Rest erledigt dann die Evolutionstheorie zur Unterstützung der Vorstellung, das sich darstellende Leben braucht keinen Gott, es existiert einfach um seiner selbst willen – ich finde, das ist genauso schwierig zu glauben wie die biblische Schöpfungsgeschichte, die in ihrer symbolträchtigen Darstellung aber auf jeden Fall von der Existenz einer göttlichen Macht ausgeht, ohne die es keinen Anfang gegeben haben kann! Genau wie Sie. Wenn Sie sagen, Gott ist tot, dann impliziert es zumindest, dass es Gott gegeben hat... bevor alles begann, oder?

Figur A: Ja, wenn Sie so wollen, dann können Sie den Glauben als treibende Kraft für einen ständigen Überlebenskampf betrachten, denn ohne Glaube fiele die Welt des Menschen in sich zusammen wie ein Kartenhaus, das für seinen Zusammenbruch nur einen winzigen Lufthauch braucht. Er, der Glaube, gibt den Rahmen menschlichen Zusammenlebens vor, lässt Ziele im Leben enstehen, definiert überhaupt erst einen Sinn des Lebens und wirkt wie eine treibende Kraft für die Entstehung von Verbundenheit und Geborgenheit! (*Kurze Pause, dann...*) Bis hin zur fanatistischen Übertreibung!

Figur B: Vergesasen Sie nicht, dass der Glaube auch ethische, moralische – eben auch göttliche – Gesetzte erst gültig macht und nicht zuletzt dadurch die unabdingbare Mitmenschlichkeit schafft, ohne die nur Anarchie und das Gesetz des Stärkeren gelten würde!

Figur A: Und daran glauben Sie wirklich?!

(*LICHT aus – Abgang der beiden Figuren A und B*)

SPRECHER (*die BÜHNE betretend*)

Sie (*auf irgendjemanden im Publikum zeigend*) und Sie und natürlich auch Sie, Sie alle hier im Saal, was denken Sie über die Zukunft? Denken Sie überhaupt an die Zukunft, ich meine, an die, die Sie selbst in Anbetracht begrenzter Lebenszeit gar nicht mehr miterleben werden? Ja, aber wenn nicht Sie, dann vielleicht ihre Kinder oder gar ihre Enkelkinder, die dann eine Welt vorfinden, die Sie selbst mit geschaffen haben?! Nein! Sie… und Sie… und auch Sie, Sie alle hier im Saal natürlich nicht! Sie können sich weiterhin in dem Glauben ausruhen: Sie als einzelnes Individuum natürlich nicht, es waren die Anderen und Sie als Einzelner konnten doch gar nichts dagegen tun! Obliegen Sie jetzt nicht unnötigen Schuldgefühlen – machen Sie sich keine Sorgen – das System der Schuldverschiebung funktioniert wunderbar, schon seit Tausenden von Jahren!

(*Abgang von der BÜHNE*)

SZENE 2 (*Weitere Personen betreten die BÜHNE, nämlich*:)
Die **Antizipation** (die Vorwegnahnme) der
WÜNSCHE => **W**
HOFFNUNGEN => **H**
ERWARTUNGEN => **E**
ANSPRÜCHE => **A**

W: (*von links die BÜHNE betretend*) Verehrtes Publikum, ich bin jetzt nur für Sie da, denn ich verkörpere ihre ***Wünsche***. Werfen Sie sie mir zu, ihre Wünsche, was die Zukunft betrifft – ihre nähere Zukunft wohlgemerkt!

H: (*von rechts die BÜHNE betretend*): Und ich bin ebenfalls jetzt nur für Sie da, für alle ihre ***Hoffnungen***, die Sie für die Zukunft hegen.

E: (*aus dem* OFF *hervortretend*): Das Gleiche soll für ihre ***Erwartungen*** gelten, für die ich hier und jetzt zuständig bin und (*zum Bühnenende zeigend…*)der Vierte soll nicht fehlen, denn…

A: (*ebenfalls aus dem* OFF *hervortretend…*): Sie sollten bei alledem nicht versäumen, auch ihre Ansprüche, die Sie an die Zukunft haben, zu formulieren!

Und alle zusammen: Wir sind die Antizipation, die Vorwegnahme von dem, was erst später kommt oder kommen sollte – in der Zukunft!

W: Bitte sehr , verehrte Damen und Herren, Ihre Wünsche! Sagen Sie sie mir – hier – hier und jetzt! [*Reaktionen des Publikums abwartend, und*

a) auf eventuelle ***Zurufe*** *reagieren, d. h. ab hier ist äußerste* Improvisationsgabe *gefragt, die aber zuvor unter Anwendung imaginär zu erwartender Zurufsbegriffe trainiert werden kann...*

b) keine oder kaum Zurufe, dann: Nun gut, meine Herrschaften, dann will ich ihnen einige Vorschläge machen! Was halten Sie zum Beispiel von… (*sinnierend überlegen mit entsprechender Mimik und Gestik*) Klimawandel, Klimaneutralität, erneuerbare Energien, Krieg in Europa, Resourcenverknappung oder Wasser- und Ernährungsprobleme, Überbevölkerung… Ist irgendetwas davon dabei? (*Eventuelle Interaktion mit dem Publikum abwarten…*) *Dann*: Sie meinen, das seien alles keine erfüllbaren Wünsche?! Ich übergebe mal an meinen Kollegen (meiner Kollegin) die **Hoffnung**. Bitte sehr!

H (*nach vorne an den Bühnenrand tretend*): Sie alle hier im Saal werden mir vielleicht recht geben, wenn ich sage, dass Wünsche die Zukunft betreffend sicherlich auch an gewisse Hoffnugen geknüpft sind! Wohlan, lassen Sie mich hören! (*Und auch hier wieder entweder*
a) *auf eventuelle Zurufe imptovisatiopnsmäßig reagieren* o.
b) *keine oder kaum Zurufe, dann*): Nun gut, wie wäre es denn mit einer Grundhoffnung? Einfach die Hoffnung, dass in Zukunft alles besser wird! Impliziert natürlich, dass in der heutugen Welt nicht alles in Ordnung ist und von daher einer grundlegenden Verbesserung bedarf!
Doch was genau? Na ja, und wie eben? Wenn Sie mich fragen: Ich – als die Verkörperung der Hoffnung – gebe den Glauben and die Menschheit nicht auf! Sie wissen schon: Die Krone der Schöpfung!

[Stimmen aus dem OFF]: Oder nur ein Irrtum der Evolution?!

H (*sich dem* OFF *zuwendend*): Aber, aber bitte meine Herren, verschonen Sie mich – mich, die Hoffnung – mit ihrem Pesimismus! (*Ab von der BÜHNE, währenddessen* **E** *und* **A** *die Bühne von rechts und links betreten*)

E: Eigentlich sind wir…
A: …überflüssig, denn ihre…
E: …Erwartungen erscheinen eng…
A: …verknüpft mit ihren…
E: …Wünschen und Hoffnungen.

A: Sollten Sie jedoch das Gefühl haben, da fiele ihnen schon noch was ein…
E: …so ergreifen Sie die Gelegenheit beim Schopfe…
A: …solange wir noch als ihre ***Ansprüche*** und…
E: …und ***Erwartungen*** an die Zukunft zur Verfügung stehen!

(*Und auch hier noch einmal Möglichkeit a) und/oder b) abwarten und entsprechend reagieren…*)

(Schließlich: *Abschlussauftritt aller vier Antizipationen*)

W: Vielen Dank für ihr Mitwirken!
H: Es war uns eine Ehre für Sie da zu sein!
E: Vergessen Sie uns nicht!
A: Bleiben Sie ihren Ansprüchen treu!

Und alle vier gemeinsam: Denken Sie an ihre Zukunft!!

(*LICHT aus – Abgang aller Darsteller von der Bühne*)

SZENE 3 (*Figur **A** **und** Figur **B***)

B: Sie bleiben als dabei, dass es Gott nicht gibt?

A: Das habe ich nicht gesagt!

B: Aber Sie sagen doch: Gott ist tot und damit gibt es ihn denn ja wohl nicht!

A: Das stimmt so nicht, Sie unterliegenen da einer falschen Schlussfolgerung!

B: Aha! Klären Sie mich auf!

A: Ich sagte, Gott starb bei der Geburt während der urgewaltigen Explosion seiner selbst, seiner auf's Äußerste komprimierten Energie, die explodieren, also sterben musste, um Leben zu erschaffen. Wenn Sie so wollen: der berühmte göttliche Funke.

B: Und seitdem bewegt sich also alles im unendlichen All, in allen Galxien, in allen Sonnensystemen ohne jegliche Steuerung einer göttlichen Macht?

A: Das mag Ihnen durchaus widersprüchlich erscheinen – ich gehe sogar noch einen Schritt weiter, denn ich wage zu behaupten, dass Gott zwat tot ist aber die Auswirkungen seiner zuvor bestehenden Existenz noch überall zu spüren sind. Nehmen Sie nur mal unser völlig unscheinbar wirkendes in unserer Galaxie in einer auslaufenden Spiralform verborgenes Sonnensystem, durch einen - im Vergleich zu anderen Sternen – relativ belanglos erscheinenden Stern nur mittlerer Größe am Leben gehalten, ja nehmen Sie den einen besonderen Planeten, von uns Erde genannt, auf der sich eine unvorstellbare Viefältigkeit des Lebens entfaltet hat und sich noch immer weiter entfalten wird. (*Kurze Pause, schließlich...*): Geboren aus dem Tod Gottes!

B: Das ist schwere Kost, wenngleich es auch nicht einer gewissen Logik entbehrt. Ist es das, was Sie tatsächlich glauben?

A: Ja, aber sagen Sie es nicht weiter! Das Schlimmste, was geschehen könnte, ist, dass sich irgendjemand dieser Abermillionen verirrter Schafe da draußen darauf stürzt wie ein Aasgeier auf liegengebliebene Beute, vielleicht sogar noch eine Religion daraus macht, ha! Nein, im Ernst, was ich sagen will: Der Vorgang seines Sterbens - Gottes Sterbens - ist lange nicht abgeschlossen und deswegen noch immer spürbar. Spürbar in jedem Windzug, in jeder Ader eines Blattes, spürbar in jeder Pore unserer Haut, in jedem Atemzug, in nur allen denkbaren Formen des Lebens, in...

B: Es ist gut, es ist gut! Nennen und beschreiben Sie es wie Sie wollen, wir kommen beide zu dem selben Schluss: Ob es Gott nun gab, und er dann starb, oder ob es keinen Tod Gottes gegeben hat: ohne GOTT gäbe es gar nichts!

A: Sie sagen es! Aber – niemand weiß es, es verschließt sich unserem auf unsere Wissenschaft so stolzen Geist! *There is a secret*, ein großes Geheimnis, das spüre ich!

B: Es ist nicht möglich, es zu **wissen**. Da muss ich Ihnen recht geben.

A: Was schließen wir daraus?

BEIDE: Es bleibt letztendlich nur der Glaube!
(*Abgang von der Bühne*)

SPRECHER (*aus dem* OFF *die Bühne betretend, den beiden „Abgängern" nachblickend…*)
Schön, dass sich diese beiden Herrschaften doch noch mal einig geworden sind bei ihrem recht tiefgründig anmutenden Gedankenaustausch! Und überhaupt, was hat das mit unserem Thema hier zu tun: Zukunft als Folge der Vergangenheit, denn… (*wird von der Stimme der Figur A aus dem* OFF *unbrochen*): …hätten Sie genauer zugehört, dann wüssten Sie es, Sie Hier-und-Jetzt-Theoretiker!

SPRECHER (*weiter…*): Ist ja gut, meine Herren, mäßígen Sie ihren Zynismus! (*Und wiede zum Publikum…*): Tja, das Hier und Jetzt, wer denkt schon täglich darüber nach, und – wozu auch? Soll es etwa dem Alltag dienlich sein? Soll es dem sich langsam einschleichenden Trott unseres im Prinzip banal anmutenden Alltags dienen, egal, welchen Dingen wir nachgehen? Ich wende mich mal wieder an Sie hier im Publikum, schon deshalb, damit Sie mir hier nicht einschlafen: woraus besteht ihr Tag? Machen Sie täglich etwas Besonderes, etwas ganz Anderes als gestern oder müssen Sie sich selbst vielleicht ehrlich eingestehen, täglich doch immer dasselbe zu machen? Lassen wir mal die lebensnotwendige Befriedigung unserer Grundbedürfnisse beiseite: Sie kommen erschöpft oder auch ausgeruht von ihrem Job nach Hause,Sie waren einkaufen, haben gekocht, gegessen, sich möglicherweise um ihre Kider gekümmert, vorausgesetzt, Sie haben welche oder von mir aus auch Enkelkinder, egal, Sie haben sich mit ihnen zusammen mit ihren Hausaufgaben herumgeschlagen und bereits diskutiert, welchen Film oder welche Serie sie den Abend noch sehen dürfen oder wieviel Zeit sie noch mit ihrem Habdy verbringen dürfen, und… und…
Was machen Sie noch Schönes, Besonderes, bevor Sie bald zur gleichen Zeit wie gestern ins Bett fallen, um genügend Energie zu tanken für den nächsten Tag, an dem Sie dann etwas ganz Besonderes machen?

Ich weiß, was Sie täglich machen: Sie denken über den Sinn des Lebens nach – über Ihren Sinn des Lebens…?

(*Abgang von der Bühne*)

SZENE 4 (*Figur **A** **und** Figur **B***)

A: So, nachdem ich Ihnen nun versucht habe zu beschreiben, woran ich glaube: woran glauben Sie denn eigentlich? Findet man Sie auch außerhalb festgelegter Religionsformen oder haben Sie sich - wie so viele - einer der scheinbar unerschütterlichen Glaubenssäulen angeschlossen, die die Entstehung allen Lebens und dessen Sinn plausibel erklären?

B: Ich – ich glaube an Gott!

A: Aha!

B: Aber eben nicht so, wie viele Anhänger verschiedener Religionen sagen, die sagen: Ich glaube an Gott. Ich brauche dazu keine Kirchen und schon gar nicht **die** Kirche. Ich brauche dazu keine täglichen Rituale, keine sich schwarze oder auch bunte Talare umhängende Männer Gottes, die ***sein*** Wort verkünden, seine angeblich göttlichen Gesetze, die nur aus der Definition moralischer und ethischer Maßregelungen bestehen, die nichts weiter bewirken, als sich unterunterbrochen zu versündigen und letzten Endes eine ständige Abhängigkeit von einer zu vergebenen Schuld hervorrufen, um eine nur schwer verständliche Erlösung zu erlangen, die es ohne Opfer,also die wahnwitzige Strangulierung des Lebenssinns, nicht gibt, die…
Ich brauche für meinen Glauben keine leierhaft aufgesagten Gebete, die dafür Sorge tragen sollen, meinen täglichen Überlebenskampf zu bewältigen, ich…ich glaube nicht

an einen Gott, der alles kann, alles weiß, alles sieht, der in seiner unendlichen Güte für uns jeden unserer acht Milliarden Erdenbewohner einen Plan hat, den nur offensichtlich er selbst versteht,wenn überhaupt, der uns in seiner unendlichen Weißheit durchs Leben führt, der uns von allem Übel erlöst, sobald wir durch seine selbstgeschaffene Hölle aus Krieg, Hunger, Elend und Verderben, Krankheit, Pest und Tod und was weiß der Teufel nicht noch alles gejagt hat, eben weil er der Allmächtige ist?!? (*Kurze Pause…*) Ich glaube, dass es Gott gibt, ihn immer schon gegeben hat, und es ihn bis in alle Ewigkeit geben wird.Ich glaube daran, dass wir im Leben nur eine Aufgabe haben: Nicht etwa die, ihn tagtäglich zu suchen sondern einfach die, das Leben, so wie es uns gegeben ist, zu leben!

A (*nach einer längeren Pause*): Auch das ist schwere Kost, denn in einem Umkehrschluss folgt daraus, Gott ist, war und bleibt es denn für alle Ewigkeit: Gelebtes Leben! Leben um seiner selbst willen – ohne Ursprung, also ohne Beginn, demzufolge es auch kein Ende geben kann?

B: Wenn Sie so wollen, eben ein endloser Kreislauf, in dessen nicht zu unterbrechender Linie der Tod des irdischen Daseins eine von vielen sich wiederholenden Formen darstellt. Das ist es, was ich glaube!

A: Eine gute Möglichkeit, den Begriff *Ewigkeit* mit einem plausiblen Inhalt zu füllen, aber ich möchte mal behaupten,dass die Hypothese des Nichtvorhandenseins eines Anfangs, eines schöpferischen Beginns all dessen, was uns zu erlebenden Lebensformen führt, sich nicht halten lässt, philosophisch nicht die entscheidenen zwei beziehungsweise drei Fragen klärt: Woher, Wohin und vor allem: Warum!

B (*achselzuckend*): Mag sein, aber auch mithilfe Ihrer vorhin aufgestellten Hypothese: Gott starb bei der Geburt des oder besser:seines Universums,bleiben diese drei Fragen ja wohl ebenfalls unbeantwortet, oder verstehe ich da irgendetwas falsch?!

A: Die Frage ist, was leichter zu verstehen ist!

B: Nein! Zu verstehen ist da gar nichts! Es bleibt einzig und allein die Möglichgkeit, ***es*** – was auch immer es ist oder zu sein scheint – zu glauben!

A (*sich schon Richtung Bühnenabgang aufmachend…*): Ich weiß nicht, ich weiß nicht, Wissen und Glaube vereinen – vereinen sich eben nicht!

B (*ebenfalls von der Bühne abgehend…*): So scheint es!

(*LICHT aus…*)

SZENE 5 (*Auftritt der vier Antizipationen...)*

W: Kennen Sie den Ausspruch: Ihr Wunsch sei mir Befehl!?

H: Ginge es dem sogenannten Volksmund nach, dann stürbe ich zuletzt…

E: Die Erwartung bedarf einer gewissen Haltung, Sie verstehen: die Erwartungshaltung…

A: Das betrifft natürlich auch den Anspruch – die so oft kritisierte Anspruchsahltung

W: Wie also…
H: …sind wir vier…
E: …unter einen…
A: …Hut zu bringen?

W: Wussten Sie (*auf jemanden im Publikum zeigend…*) und auch Sie, ebenso wie Sie, dass Ihr Wunsch Ihr ganz persönlicher Wunsch ist? Möglich, dass viele andere genau den gleichen Wunsch haben, dann sind es eben die Wünsche vieler! Nehmen Sie zum Beispiel die aktuelle Lage, Krieg fast vor unserer Haustür: Niemand will ihn ernsthaft, bestimmt weit über neunzig Prozent unserer Bevölkerung möchten ihn nicht und dennoch finder er statt, entgegen dem Wunsch nicht nur eines sondern hunderten von Völkern! Wie ist das denn eigentlich nur möglich?!

H: Und da komme ich als Hoffnung wieder ins Spiel – ich bin noch nicht grestorben, denn sicherlich wohne ich dem größten Teil aller hier im Saale Versammelten inne, dass es ein absehbares Ende dieses Krieges geben möge – sind Sie sich ganz sicher?

E: Sie, die Hoffnung, will wohl sagen, dass ihre bloße Existenz kaum einen Sinn ergibt! Für mich, als Ihre Erwartung, gilt wohl das Gleiche, oder?

A: Bin ich als Anspruch, an die Zukunft wohlgemerkt, noch ein Teil von Ihnen und wenn ja, wie um alles in der Welt bin ich umsetzbar?!

W: Hätten Sie vielleicht Lust…
H: …uns all diese Fragen…
E: …hier und jetzt…
A: …zu beantworten…

Und alle vier zusammen: …um gemeinsam eine Lösung zu finden?!

(*LICHT aus… Abgang von der Bühne*)

SZENE 6 (*Figur A und Figur **B***)

B: Nun mein lieber Freund, was denken Sie – um nicht zu sagen: was glauben Sie - wohin gehen wir, wenn wir denn gehen?

A: Tja, sagen wir mal, ich denke, der Körper bleibt hier, hier auf der Erde, egal wie er auch nach seinem Ableben verabschiedet wird, und er bleibt damit Teil dieses Planeten und damit eben auch Teil des Sonnensystems, das wiederum als Teil unserer Galaxie zum Gefüge des Universums, dem All – dem ALLES eben - als sich stets verwandelndes Konglomerat allen Lebens gehört.

:

B: Meinen Sie,das ist die einzige Verbindung zum Ursprung, die es gibt?

A: Wir werden es nie wissen, solange wie wir hier auch noch zusammenstehen und darüber unsere Gedanken austauschen. Aber, wir haben immerhin die Möglichkeit, überhaupt zu der sich uns aufdrängenden Frage: Was geschieht mit uns nach dem Tod, Gedanken zu entwickeln.

B: Unser toter Körper verbleibt also hier auf der Erde, wie Sie sagen. Alle Gehirnfunktionen sind erloschen, was bedeutet, es gibt keine Gedanken mehr und eben auch keine Gefühle mehr – Körper, Geist und Seele sind allesamt erloschen?

A: Ist der Geist überhaupt erfassbar? Ich meine, materiell erfassbar? Und ist die Seele, von der wir alle denken, dass es sie irgendwie gibt, nicht Teil des Geistes und damit ebenso nicht erfassbar?!

B: Nein, sind sie nicht und dennoch existent – ohne sie gäbe es kein menschliches Leben! Vielleicht ist jeglicher Glaube ja auch nur ein Gedanke?

A: Sicher, aber gepaart mit einem Gefühl, ohne dem kein Glaube möglich wäre!

B: Und damit erreichen wir wieder die Stelle, an der sich alles im Kreis dreht: denken, glauben und eben auch fühlen, wem vertraut man ehesten?

A: Am besten eben allen dreien!

B: Und was sagen Ihnen diese Drei?

A: Es gibt nur zwei, denen ich mich sozusagen ergebe: Ich denke und ja, ich glaube es auch. Irgendetwas von uns - vielleicht die Vereinigung von Denken und Fühlen – entschwindet in die unendlichen Sphären eines von Licht und Dunkelheit gleichermaßen durchfluteten Raumes, in dem es keine Fragen mehr gibt, da alle Fragen, und eben wirklich alle Fragen, beantwortrt sind! Es gibt keinen Widerspruch nehr, und wir werden Teil eines für uns jetzt noch unerklärlichen Ganzen!

B: Ist das Universum vielleicht deshalb von solch einer unvorstellbaren Größe, damit auch alle - sagen wir mal Seelen - aller je auf der Erde gelebten Wesen darin ihren Platz finden?

A: Ein nicht uninteressanter Gedanke, der der Suche nach den Geheimnissen des Universums vielleicht mit hinzugefügt werden sollre!

(*Beide ab von der Bühne, währenddessen der* SPRECHER *die Bühne gleichzeitig betritt*)

SPRECHER: Und meine Herren, sind Sie sich nun einig geworden?

Figur A: Ja und nein, aber wir bleiben weiterhin im Widerspruch!

Figur B: Und das ist auch gut so! Noch sind wir auf Erden und ohne Widersprüche gibt es keine gedanklichen Weiterentwicklungen, sich immer wieder dieser einen Frage, der letzten Frage, hinzugeben! Und was steht uns dafür zur Verfügung?

Und beide zusammen: Denken, fühlen, glauben und verstehen!

SPRECHER: Nun, liebes Publikum, mir bleibt das Schlusswort. Keine Sorge, ich will nicht schon wieder vom Hier und Jetzt reden, es gibt sowieso immer nur das Jetzt, alles andere ist Vergangenheit und die Zukunft? Auf sie erstreckt sich unsere Hoffnung, dass es sie weiterhin gibt, sonst würden wir nicht weiter existieren können. Welche Zukunft es auch immer sein wird, dieses Stück, das Sie eben gesehen haben, ist eben auch schon wieder Vergangenheit.
Wenn ich in die Zukuft sehe, erscheint es mir, als würden Sie sich alsbald erheben, um dieses Theater hier zu verlassen – vielleicht, dass Sie irgendwo noch einen Drink nehmen, bevor Sie nach Hause gehen, möglich, dass Sie auch noch ein paar wechlsende Worte über das eben gesehene Stück verlieren … Was auch immer Sie vorhaben: Ich wünsche Ihnen dafür alles Gute, bleiben Sie gesund und machen Sie aus allem das Beste daraus!

V O R H A N G